मनमोहिनी

माधवी शेलके

Copyright © Madhavi Shelke
All Rights Reserved.

This book has been published with all efforts taken to make the material error-free after the consent of the author. However, the author and the publisher do not assume and hereby disclaim any liability to any party for any loss, damage, or disruption caused by errors or omissions, whether such errors or omissions result from negligence, accident, or any other cause.

While every effort has been made to avoid any mistake or omission, this publication is being sold on the condition and understanding that neither the author nor the publishers or printers would be liable in any manner to any person by reason of any mistake or omission in this publication or for any action taken or omitted to be taken or advice rendered or accepted on the basis of this work. For any defect in printing or binding the publishers will be liable only to replace the defective copy by another copy of this work then available.

मेरे माता-पिता, गुरु और ज़िंदादिली से मुझे जीना सिखाने वाली
मेरी प्यारी बहन को समर्पित |

क्रम-सूची

1. ख़ामोशी

कहते हैं सब मुझे रोना नहीं आता,
मेरी मुस्कान उन्हें पढ़ना नहीं आता |
दर्द की नुमाइश भी उनसे क्या करू,
जिन्हे दोस्ती निभाना नहीं आता |
माना, मैं कम बोलती हुँ,
पर मेरी ख़ामोशी को सुनना ,
उन्हें नहीं आता |
कहते हैं मेरे दोस्त कम हैं,
कम ही सही पर,
अपनो को पराया करते मुझे नहीं आता |
कहते हैं, मैं मिलती नहीं उनसे अक्सर,
पर भीड़ में तनहा छोड़ना मुझे नहीं आता |
कहते हैं तमीज़ नहीं मुझमे,
पर झूठी तारीफ़े करना मुझे नहीं आता |
कहते हैं मैं दिमाग से काम लेती नहीं,
पर दिल से दग़ा, मैं कभी देती नहीं |
कहते हैं मैं उनकी सुनती नहीं,
पर उन्हें सुनु भी क्या,
जिन्हे मुझे समझना नहीं आता |

2. मनमीत

जो मुझे अपना माने ,
ऐसा मनमीत कहाँ
जो मेरे लफ्ज़ बिना ,
मेरे मन को जाने ,
ऐसा मनमीत कहाँ
शोहरत-शोर-शराबे से,
दुनिया भरी पड़ी है,
जो मेरी ख़ामोशी को सुन पाए ,
ऐसा मनमीत कहाँ
इस सूरत-खूबसूरती के,
लाखो दीवाने है,
हर नुक्कड़ पर मिलते बेगाने है,
जो इस भीड़ में मुझे,
मेरी अंतर-आत्मा से पहचाने,
ऐसा मनमीत कहाँ
ज़िन्दगी एक लम्बा सफर है,
चार कदम ही संग,
जो ख़ुशी से निभा ले
ऐसा मनमीत कहाँ
जीत हार के काल में ,
जो मेरी पराजय में भी साथ निभा ले,
ऐसा मनमीत कहाँ
जो मुझसे बेहतर मुझको जाने ,

मेरे गुण-अवगुण पहचाने
जो मेरी तकलीफो में
खुद मरहम बन जाये
ऐसा मनमीत कहाँ ?

3. हौसले की उड़ान

सपने जो देखें थे कभी,
अब धुंधले से लगते है,
हिम्मत भी मेरी बेजान,
हौसले भी थक चुके है,
कैसी परीक्षा है ये अंजान,
जिनको समझा था अपना,
निकले सब बेगाने है,
कैसे खुद को संभालु ,
बस रब जाने है|
अंधकार भरे रास्ते में,
चल रही अकेली हूँ,
हैं बस रोशनी की तलाश |
चल रहा है, कलयुग का काल
यहाँ मेहनत नही,
बस दिखावे का होता प्रचार,
पर मे कैसे छोड़दु वो,
माँ के दिये संस्कार |
माँ कहती थी,
तु मेरा सुरज है,
बस रख खुद पर विश्वास |
हाँ मैं थक चुकी हूँ,
इस झूठी फ़रेबी दुनिया से,
पर है मुझे विश्वास ,

सत्य का साथ देने आते स्वयं भगवान !
खुद ही खुद को ,
संभालना होता है मुश्किल काम !
पर यही है,
इस मुश्किल का उपचार|
एक-एक उम्मीद जोड़कर ,
फिर बुनूँगी अपनी आशाओं का आसमाँ|
उड़ूँगी फिर मैं ऊँची उड़ान !

4. ओ नारायणी !

जीवन के इस राह पर,
क्यों खड़ी तुम उदास हो,
क्यों हो आश्रित ,
क्यों सहती तुम अपमान हो !
क्यों अशिक्षा दहेज़ जैसी कुप्रथाओ ने ,
बाँधे रखा तुम्हे आज हैं ,
क्यों मौन हो तुम ,
क्यों साध रखी हैं तुमने चुप्पी ?
ओ नारी ! ओ नारायणी !
उठो !! जागो!!
बदलो अपना रूप,
बनो लक्ष्मी से भवानी !
गया वह समय ,
जब तुम सिसक-सिसक कर रोती थी,
अपने अपमान को तुम चुप-चाप पिलेती थी,
अब तुम्हे ही जग को दिखाना होगा ,
अपने असली अस्तित्व को पाना होगा |
ओ नारी ! ओ नारायणी !
उठो !! जागो!!
बदलो अपना रूप
बनो लक्ष्मी से भवानी !

5. आदित्य

जीवन के तम-तिमिर में भी ,
आदित्य को खोज निकालो |
ना मिल पाए अगर आदित्य तो,
स्वयं आदित्य बन जाओ !
इस अद्वितीय मिले जीवन में,
कर्म प्रकाश फैलाओ |
अपने स्वर्णिम भविष्य को,
तुम उज्जवल कर जाओ |
निराशा से ना घबराकर,
आशा की ज्योत जलाओ |
लक्ष्य प्राप्ति ही याद रहे,
बाकि सब भूल जाओ |
भारत का नाम इस विशाल जगत में,
तुम रोशन कर जाओ |
मोह-माया के बंधन तोड़
कर्मवीर बन जाओ !
समय नहीं बचा अब कुछ भी,
जो करना हैं कर जाओ!
दुःख भोग पछताने से,
श्रम कर सुखमय जीवन पाओ!

6. कर्मवीर

है वो कर्मवीर,
जो ठोकरों से लड़ता है |
वो फ़ौलादी सीने से चलता है,
है लाख मुश्किलें पर,
वो सिर उठा कर लड़ता है |
उमंग निराशा आशा ,
उसके हर पहर के साथी है
उसकी हिम्मत उसकी ताक़त ,
सूरज की भांति है,
चाँद-सी शीतल मुस्कान लिए,
वो हर अँधेरे से लड़ता है,
है वो कर्मवीर,
जो ठोकरों से लड़ता है|
सपने हज़ारो दिल में लिए,
वो अपने कर्म से,
तक़दीर लिखता है |
है वो कर्मवीर, जो ठोकरों से लड़ता है ,
वो फ़ौलादी सीने से चलता है |
तुफानो से लड़ना,
वो समंदर को सिखलाता है,
है वो कर्मवीर,
जो ठोकरों से लड़ता है |
गिरकर उठाना ,उठकर उड़ाना ,

हर पंछी को सिखलाता है |
है वो कर्मवीर,
जो ठोकरों से लड़ता है |

7. मंज़िल

रास्ते भी बेख़बर हैं,
मंज़िल किस ओर हैं,
लड़खड़ाते ये कदम अब बढ़ रहे किस ओर हैं,
दिल में फिर हैं उठ रही,
लौ कुछ पाने की,
फिर एक ललक उठी हैं,
आसमां तक जाने की !
रास्तो में मुश्किलें रोकती मुझे अभी,
जैसे भंवर में हैं रुकी नैया कोई,
न जाने वो राहे हैं किधर, जो मेरी है
पर जानता है दिल मेरा,
मेहनत मेरी फिर चमक उठेगी ,
हिम्मत मेरी ना हारेगी,
हौंसले भी कह रहे ,
मंज़िल तक पहुँच मेरी हैं |

8. एक पुकार : देश के नाम

भारत माँ की इज़्ज़त तुम्हे जान से प्यारी हैं,
पर क्या हर नारी की इज़्ज़त तुम्हे करते आती हैं?
भाईचारे से रहने के गुणगान बहुत तुम करते हो,
फिर क्यों धर्म के नाम पर,
देश बाँटते फिरते हो?
देशहित की तुम बाते हज़ार करते हो,
फिर क्यों नहीं तुम घुस खाने से डरते हो?
शहीद वीरो से गर्वित यह स्वर्णभूमि हैं,
ये देश तुम पर गर्व करे,
क्या तुम कुछ ऐसा करते हो?
कहते-कहते बरस हो गए,
अब कुछ कर जाने की बारी हैं!
उठो !! जागो !!
देश नवनिर्माण की बारी हैं !
हमे ही यह ज़िम्मेदारी उठानी हैं |

9. दुनिया

ना जाने ये कैसी दुनिया है ,
भीड़ में होकर भी,
दिल तनहा है |
ना जाने ये कैसी दुनिया है ,
कहने को तो सब यार है ,
पर यहाँ झूठे वादों की भरमार है !
ना जाने ये कैसी दुनिया है ,
कहने को सब एक ,
पर जाति-वर्ण-धर्म की,
लड़ाई अनेक है |
ना जाने ये कैसी दुनिया है ,
दौड़ लगी है,
बस पैसा-शोहरत कमाने की!
यहाँ काबिलियत रहती बस्ती मे
अमीरी चमकती मस्ती मे |
ना जाने ये कैसी दुनिया है,
मुर्ख मनुष्य यहाँ,
समझता खुद को धरती का रखवाला है,
जबकि उसने ही सृष्टि को ,
इतना नष्ट कर ड़ाला है |
ना जाने ये कैसी दुनिया है ,
भीड़ में होकर भी,
दिल तनहा है |

10. लाडो रानी की विदाई

छोटी-सी गुड़िया-सी इस घर की,

चंचल-सी हैं , पर हैं सब की,

चली हैं आज बाबुल को कर विदा |

जिस घर में बिताया था बचपन सभी ,

यही अम्मा की ऊँगली पकड़ कर चलना सिखी ,

यही बाबा की लाडो रानी रूठी थी कभी,

यही दीदी-भैया से झगड़ी थी कभी ,

यही सखियों संग उसने खेला था कभी,

चली अब वो परदेस,

न लौटेगी कभी !

जिस आवाज़ से यह घर चहकता था कभी,

अब उसकी यादे ही महकेंगी सभी |

पिया के आंगन में सजेगी वो तुलसी-सी देवी,

यादो को आंसू बना,

चली लाडो रानी बाबुल को कहकर विदा |

11. रूठी मेरी सखी : ज़िन्दगी

ज़िन्दगी तू रूठी-रूठी हैं क्यों,
लबों की हँसी छिनती हैं क्यों?
जो तूने बोला,
जो भी चाहा,
वो ही किया मैंने,
फिर भी तू हैं ख़फ़ा,
चल कर अब इस रुख को सफ़ा !
माना तूने ही सिखाया गिरकर उठना,
तूने ही बताया कौन अपना-पराया,
फिर भी ज़िन्दगी,
तू रूठी-रूठी हैं क्यों?
लबों की हँसी छिनती हैं क्यों?
गैरो के इस ज़हान में,
तू मेरी ज़िंदगानी ,
तू ही तो मेरी हैं
चल छोड़ना अब यु रूठना !
इक बार तो मेरी ख्वाइश ,
मेरे सपने दिला !
अब मान भी जा ज़िन्दगी,
अच्छा नहीं यु रूठना |

12. माँ

माँ तुम सबसे खास हो ,
दिल के सबसे पास हो ,
मेरे जीवन में चासनी-सी मिठास हो,
माँ तुम सबसे ख़ास हो |
मेरे ना कुछ कहे ,
मेरा मन पढ़लेती हो,
कभी मेरी गूगल बन,
हर उलझन का जवाब देती हो ,
माँ तुम उस रब की अरदास हो,
माँ तुम सबसे ख़ास हो |
फिल्मो की अतिशयोक्ति से भरी माँ तो नहीं हो,
पर हर मुश्किल से मुझे बचाने वाली,
मेरी हीरो-रजनीकांत हो |
माँ तुम सबसे ख़ास हो |
याद है मुझे आज भी ,
वो तुम्हारा मेरी परीक्षा की तैयारी मे,
रात भर जागना ,
कभी दूध का गिलास लिए मेर पीछे भागना,
माँ तुमसे ही मैंने ,
रब का असली मतलब हैं जाना |
माँ मैं तुमसे अक्सर लड़ती हुँ,
पर हर मुसीबत में,
खुदा से पहले याद तुम्ही को करती हुँ,

माँ तुम उस रब की अरदास हो,
माँ तुम सबसे ख़ास हो |

13. मेरे पापा

मेरे घर की बुनियाद हैं, मेरे पापा
बचपन से मेरी हर इच्छा को,
करते आये हैं साकार हैं, मेरे पापा
मेरी हिम्मत ,मेरी ताक़त,
मेरे गुरु, मेरी इब्बादत, हैं मेरे पापा
जब भी मेरी आशा टूटी,
मेरी जग से आस छूटी,
ऐसी मेरी पराजय मे भी,
बढ़ाते आए मेरा आत्मा-विश्वास हैं मेरे पापा,
गिरकर उठना, उठकर चलना ,
ये सिखाते आये हैं,मेरे पापा |
अपने अनुशासन से सुधारते,
मुझे आये हैं मेरे पापा |
तलवार की धार-सी, इस मतलबी दुनिया से,
मुझे न सिर्फ बचाते,
पर लड़ना सिखाते आये हैं मेरे पापा,
सच हैं जब चोट लगती हैं,
माँ बड़ी याद आती हैं,
पर ऐसी चोट से,
ना डरना सिखाते आये हैं मेरे पापा,
मेरी एक आवाज़ पर ,
कही भी दौड़े चले आते हैं मेरे पापा
ज़िंदादिली होंसले से जीना सिखाते,

आये हैं मेरे पापा !
सचमुच मेरे दिल के
सबसे पास हैं मेरे पापा |

14. हे ईश्वर

हे ईश्वर तेरे नाम से,
मिली शांति अपरम्पार है |
हे ईश्वर तेरे नाम से,
हुआ धन्य ये धरती धाम है |
हे ईश्वर तेरे नाम से,
पुरे हुए लक्ष्य हमारे आज हैं |
तू सबका, हम तेरे है,
फिर भी तुझे लोग,
बाँटते फिरते हैं !
धर्म-धर्म के नाम पर ,
हुए निर्दोष बेजान है,
बने भाई शत्रु -सामान है |
ना जाने कैसे हुआ,
यह अनर्थ काम है!
क्यों अनजान-अज्ञानी तुझपर लड़ते है!
जब राम भी तू, अल्लाह भी,
जब तू ही रब , तू ही इशू ,
क्यों हैं इंसा बटते तेरे नाम पर !
जब तू सबका,
हम तेरे है!
हे ईश्वर तू सत्बुद्धि दे इस इंसा को !
तू एक हैं, तेरे नाम अनंत,
समझा इस ज़हान को !

15. ज़िन्दगी क्या है?

ज़िन्दगी क्या है?
बस लम्हो की सौगात है,
चाय की चुस्की और बारिश की शाम है |
ज़िन्दगी क्या है?
एक कहानी और सों किरदार है |
हर किरदार का यहाँ ,
निश्चित समय-काल है |
ज़िन्दगी क्या है?
माँ का आँचल और ढेर सारा प्यार है |
ज़िन्दगी क्या है?
रिश्तो की डोर से सजा, एक त्यौहार है |
जिंदगी क्या है?
अनजान रास्तो मे मंज़िल की तलाश है |
ज़िन्दगी क्या है?
एक भवसागर मोह-जाल है |
राजा हो या रंक,
यहाँ से जाते सब कंगाल है |
ज़िन्दगी क्या है?
बचपन की नादानियाँ और बुढ़ापे का भार है |
जिंदगी क्या है?
बस लम्हो की सौगात है,
अपनो का प्यार, रिश्तो का साथ हैं |

16. खुली किताब

खुली किताब-सा जीवन मेरा,
हर पन्ने पर नया सवेरा,
मैंने अपना हर सुख-दुःख,
मेहनत की श्याही से लिख भिखेरा |
खुली किताब सा जीवन मेरा,
कभी धुप,कभी अँधेरा घनेरा |
विद्वान कई पढ़ने आए,
पर समझ नहीं कुछ भी पाए,
उनकी समझ की समझ से,
सभी ने कई अर्थ बनाये,
कई खरीदार भी आए,
मोल-भाव खूब लगाए,
इस जीवन की कीमत,
कोई कैसे चुकाए
कुछ पन्ने ऐसे भी,
जो मेने दिल के कोने में छिपाये.
खुली किताब सा जीवन मेरा,
हर पन्ने पर नया सवेरा,
कभी धुप,कभी अँधेरा घनेरा |

17. बचपन

जीवन का सबसे अनमोल पल था बचपन,
वो मासूमियत -नादानियाँ और अपनापन!
चिंता किसी बात की ना,
ना ही मन मे कोई उलझन,
जीवन का सबसे अनमोल पल था बचपन |
ना कोई झूठा दिखावा था,
ना कोई गैर-दुश्मन,
बस मेरे चार यार,
खेल खिलोने से भरा हर पल!
तब ना इंस्टाग्राम था, ना फेसबुक,
दोस्तों के दिल में रहते हम हर पल !
तब मन-मुटाव भी होते थे पल-भर,
जीवन का सबसे अनमोल पल था बचपन|
नानी का घर था,
और ढेर सारा प्यार,
घर वो नहीं था आलिशान ,
पर हर दिन वहाँ था,
जैसे एक त्योहार |
तब १ रुपये के गोले-कुल्फी मे,
खुशियाँ मिल जाती थी
जो आज महीने-भर की तन्खा
भी नहीं ला पाती!
जीवन का सबसे अनमोल पल था बचपन|

जिस सुकून की आज हमे तलाश हैं,
वो सुकून ही था बचपन|
वो बारिश का मौसम,
कागज़ की कश्ती,
और घर की छत !
आज भी नहीं भुला पाया ये मन,
जीवन का सबसे अनमोल पल था बचपन|
हमारे बचपन मे न होता था,
ये पिज़्ज़ा बर्गर,
पर माँ के हाथ के हलवे से,
ही भर जाता था ये मन !
जीवन का सबसे अनमोल पल था बचपन |
नानी की वो नैतिक कथाएँ,
आज भी जीवन जीने की दिशा दिखाये,
सच , जीवन का सबसे अनमोल पल था बचपन |

18. अजीब इंसान

अजीब होते है हम इंसान भी,
अपनों को छोड़ आते है,
काम-शोहरत की चाह में,
फुर्सत मिलने पर कहते- हम अकेले है,
कोई अपना साथ नहीं!
अजीब होते है हम इंसान भी,
बर्बाद कर प्रकृति को,
बसाते नए शहर,
फिर सबसे भागकर,
ढूंढ़ते है सुकून,
वही नदी पहाड़ो के संग!
अजीब होते है हम इंसान भी,
कई शहर खड़े किये,
छीन पशु पक्षी से उनका वन-उपवन,
और फिर कहते,
कैसी प्रदूषित धरती है,
कही चैन से लेने को साँस नहीं!
अजीब होते है हम इंसान भी,
ज़िन्दगीभर माँ-पिता को धिक्कारते है,
फिर कुछ सालो बाद कहते,
सब कुछ है, बस उनका का साथ नहीं!
अजीब होते ह हम इंसान भी
दिया था उस प्रभु ने,

सब कुछ हमारे पास ,
खुद सब नष्ट करके,
कहते है -हे प्रभु कृपा कर
हम है बड़े नादान!

19. दिल, दिमाग हैं खफ़ा !

ऐ रब तू ही बता,
क्यों दिल और दिमाग हैं इतने खफ़ा !
दिल में सितारे छूने की आशा,
दिमाग बस पैरो पर, खड़े होना चाहता ।
दिमाग कहता मेहनत कर, चार पैसे कमाले,
दिल बस निस्वार्थ जन-सेवा करना चाहे
ऐ रब तू ही बता,
क्यों दिल और दिमाग हैं इतने खफ़ा !
दिल सपनो को जीना चाहता,
दिमाग बस असलियत में रहना जानता ,
दिल की सुनु या दिमाग की,
नहीं दिखता मुझे कोई रास्ता ।
ऐ रब तू ही बता,
क्यों दिल और दिमाग हैं इतने खफ़ा !
दिमाग कहता शान-शोहरत हैं ज़रूरी ,
दिल चाहे बस अपनों का साथ, न कोई दूरी!
मुझे दिल की अक्सर सुनने नहीं देती,
जीवन की मज़बूरी ,
पर दिमाग की सुनु तो ,
दिल हो जाता हैं खफ़ा !
ऐ रब तू ही बता,
क्यों दिल और दिमाग हैं इतने खफ़ा !

20. माधवी के माधव

तुम गिराओगे क्या मुझे!
मेरे सिर पर गिरिधर का हाथ हैं |
गिरकर उठने की शक्ति ,
मुझे देते वो सर्व शक्तिमान हैं |
नहीं भय अब काल का,
साथ मेरे महाकाल हैं |
तुम झुकाओगे क्या मुझे !
मेरे साथ खड़े वो हर बार हैं |
तुम मिटाओगे क्या मुझे !
इस तुच्छ नश्वर संसार से,
परमात्मा मेरी आत्मा में,
बसे हर घडी, हर काल हैं |
मुझसे तुम छीनोगे क्या!
देते मुझे वो छप्पर फाड़ है
तुम गिराओगे क्या मुझे !
मेरे सिर पर गिरिधर का हाथ हैं |
तुम हराओगे क्या मुझे !
मेरे हौसले में बसे भगवान हैं |
इस माधवी के मन में बसे,
माधव हर घडी, हर काल हैं |